Inglés
PARA LA MUJER

INGLES FACIL PARA TODOS EN VIDEO-CASSETTE

SIN TENER QUE INVERTIR CIENTOS DE DOLARES... OBTENGALO POR SOLAMENTE **$29⁵⁰**

(2 HORAS DURACION)

Si desea recibir su copia, envie cheque, giro postal (money order) o efectivo por $29.50 más $2.50 por costo de envío, total $32.00 a:

PUBLICACIONES ESPECIALES
**P.O. BOX 55-8233
MIAMI, FLORIDA 33255**

INTRODUCCION

Hemos preparado este manual para las mujeres de todas las edades, para las jóvenes de edad y para las jóvenes de corazón.

Para las que en ocasiones se sienten extrañas en este país porque no saben como expresarse. Se ha dicho que los países son como las personas; no se siente uno completamente bien hasta conocerlos. Y sin el idioma, esto no es fácil.

¿Le tocan a la puerta y no sabe qué responder?

¿Le preguntan su nombre y no sabe como deletrearlo?

¿Quiere comprar algo y no sabe como decirlo?

¿Quiere pronunciar una frase afectuosa y no sabe expresar lo que siente su corazón?

No importa que sólo hable un poco de inglés, o nada. Con este manual que tiene la pronunciación escrita en las letras del alfabeto que todos conocen pueden lograrlo.

Léalo con interés y guárdelo en su cartera o bolsillo en forma constante. Se sentirá segura; puede buscar la frase o palabra que necesita, o aún mostrarla en casos de necesidad.

==

Puede obtener la grabación en audio cassette de las frases y vocabulario del INGLES PARA LA MUJER, página por página, enviando su nombre y dirección (por favor, bien clara) con giro postal (money order), cheque o efectivo por $10.00 a:

PUBLICACIONES ESPECIALES
P.O. BOX 55-8233
MIAMI, FL. 33255-8233

Y...., MUY IMPORTANTE, PARA EVITAR CONFUSIONES CON OTROS CASSETTES, INDIQUE QUE DESEA EL:

INGLES PARA LA MUJER

==

© J. Yara Marrasé
All Rights Reserved
Printed in the United States of America

ISBN 1-884249-06-X

INGLES PARA LA MUJER

INDICE

2- ¿QUE HACER? ¿QUE DECIR?
4- PALABRAS, FRASES Y PREGUNTAS INDISPENSABLES

LA CASA
7	Frases Usuales
10	Vocabulario
14	Muebles y Accesorios
15	Utensilios Para el Hogar
16	Flores - Jardín

LA COCINA
18	Frases Usuales
22	Vocabulario
24	Productos y Alimentos
27	Vegetales
28	Frutas
30	Pescado, Mariscos
31	Términos que se Usan en la Cocina
32	Bebidas más frecuentes
33	DORMITORIO
35	CUARTO BAÑO

LAVANDERIA
36	Frases Usuales
38	Vocabulario

ARTICULOS DE TOCADOR
39	Frases Usuales
38	Vocabulario

VESTIDOS, ROPA
- 44 Frases Usuales
- 47 Vocabulario
- 49 Tipos de Tejido
- 50 **EQUIVALENCIA EN TALLAS DE MUJER**
- 51-52 **COSTURA-MAQUINAS DE COSER**
- 53 **ARTICULOS DE ESCRITORIO**
- 54 **LA FAMILIA**

ATENCION MEDICA
- 61 Ingresada en el Hospital
- 64 Vocabulario
- 66 Trastornos Médicos
- 69 **EL AUTOMOVIL**
- 72 **¡SOBRE EL AMOR.....!**

INFORMACION DE INTERES GENERAL
- 76 El Alfabeto
- 77 Meses del Año
- 78 Días de la Semana, Estaciones del Año, Días Festivos
- 79 Los Números
- 81 Los Colores
- 82 Avisos, Letreros
- 84 Servicios a la Comunidad (Welfare - Social Security)

- 86 **DICCIONARIO-INGLES ESPAÑOL**

SUGERENCIA PARA LA PRONUNCIACION

En las frases, se ha escrito primero el español, seguido del inglés y la pronunciación esta entre paréntesis ( )

Recuerde, cuando pronuncie en inglés, que es importante que le preste mucha atención al acento; es decir, la mayor fuerza de la voz debe ir en la vocal que tiene el acento

ESTA PRONUNCIACION ES FACIL, ESTA AL ALCANCE DE TODOS. Y TODOS TAMBIEN LO COMPRENDERAN A USTED CUANDO HABLE.

¿QUE HACER? ¿QUE DECIR?

CUANDO ESTE SOLA EN LA CASA Y ALGUIEN TOQUE A LA PUERTA, SI NO LO CONOCE, TENGA PRECAUCION, NO ABRA INMEDIATA-MENTE. USUALMENTE PODRA DECIR:

¿QUIEN ES?
Who is it?
(júu is it?)

LO SIENTO, ESTOY OCUPADA
I am sorry, I am busy
(ái am sóri, ái am bísi)

NO ABRIRE LA PUERTA
I will not open the door
(ái uíl not óupen di dóar)

POR FAVOR, VENGA MAS TARDE
Please, come later
(plís, cóm léiter)

Si se pone nerviosa porque no quieren marcharse:

¡VAYASE!
Go away!
(góu euéi!)

Y si es necesario:

¡VAYASE O LLAMARE A LA POLICIA!
Go away or I will call the police!
(góu euéi or ái uíl cól di polís!)

En caso de <u>EXTREMA NECESIDAD</u>, siempre tenga presente este número:

9 1 1

Es importante que mantenga este número en un lugar visible. Es el número de emergencia de la Policia.

También puede llamar a la operadora de teléfono marcando el número "O".

Recuerde que la palabra ¡<u>SOCORRO</u>! en el idioma inglés es HELP, que se pronuncia <u>JELP</u>!!!! <u>JELP</u>!!!!

Y TAMBIEN...., <u>COMO SER HUMANO</u>, <u>ALGO INDISPENSABLE</u>

¡<u>QUE DIOS LO BENDIGA</u>!
God bless you!
(God bles yu)

PALABRAS, FRASES Y PREGUNTAS <u>INDISPENSABLES</u>

<u>Español</u>	<u>Inglés</u>	<u>Pronunciación</u>
sí	yes	yes
no	no	no
por favor	please	plís
gracias	thank you	zánk yú
hola	hello	jélou

<u>BUENOS DIAS</u>
good morning
(gúud mórning)

<u>BUENAS TARDES</u>
good afternoon
(gúud áfter-nún)

<u>BUENAS NOCHES</u>
good night
(gúud náit)

<u>ADIOS</u>
good-bye
(gúud-bái)

<u>PERDONEME</u>
excuse me
(exkiús mí)

<u>¿COMO ESTA USTED?</u>
how are you?
(jáu ár yú)

ESTA AQUI
it is here
(it is jíar)

ESTA ALLA
it is there
(it is déar)

ES BUENO
it is good
(it is gúud)

ES MALO
it is bad
(it is bád)

ESTOY CONTENTA
I am happy
(ái am jápi)

ESTOY OCUPADA
I am busy
(ái am bísi)

ESTA LISTO
It is ready
(it is rédi)

OTRA VEZ
again
(eguéin)

TAL VEZ
may be
(méi-bí)

NUNCA
never
(néver)

HASTA LUEGO
so long
(só long)

PREGUNTAS

¿CUANTO?
how much?
(jáu móch?)

¿COMO?
how?
(jáu?)

¿POR QUE?
why?
(juái?)

¿QUE?
what?
(juát)

¿CUAL?
which one
(uích uán?)

¿QUIEN?
who?
(júu?)

¿DONDE ESTA?
where is?
(juéar is?)

¿CUANDO?
when?
(juén?)

¿TIENE USTED?
have you?
(jáv yú)

LA CASA

ORDENAR LA CASA
Straighten up the house
(stréiten óp di jáus)

CONTESTAR LA PUERTA
Answer the door
(ánser di dóar)

FREGAR EL PISO
Scrub the floor
(scrób di flóar)

BARRER EL PISO
Sweep the floor
(suíp di flóar)

LIMPIAR LA ROPA
Do the washing
(dú di uáchin)

FREGAR LOS PLATOS
Do the dishes
(dú di díches)

ARREGLAR LAS CAMAS
Make the beds
(méik di béds)

CAMBIAR LAS SABANAS
Change the sheets
(chéinch di shíits)

VIGILAR LOS NIÑOS
Keep an eye on the children
(kíp an ái on di chíldren)

CAMBIAR LOS PAÑALES
Change the baby
(chéinch di béibi)

REMENDAR LA ROPA
Mend the garments
(ménd di gárments)

LIMPIAR ALFOMBRA CON ASPIRADORA
Vacuum the rug
(vákium di rog)

LIMPIAR EL PISO CON FRAZADA
Mop the floor
(móp di flóar)

LIMPIAR DETRAS DE LAS PUERTAS
Clean behind the doors
(clín bijáind di dóars)

LAVAR LA TELA METALICA
Wash the screen
(uách di scrín)

LAVAR CORTINAS VENECIANAS
Wash the venetian blinds
(uách di viníchian bláinds)

SACUDIR EL POLVO DE LOS MUEBLES
Dust the furniture
(dóst di férnicher)

SACAR LA BASURA
Take out the garbage
(téik áut di gárbach)

BUSCAR LA CORRESPONDENCIA
Get the mail
(guét di méil)

EL TELEVISOR NO FUNCIONA
The television is out of order
(di televíchion is áut of órder)

TENGO PRISA
I am in a hurry
(ái ám in éi jéri)

DIOS MEDIANTE
God's willing
(God's uílin)

HOGAR, DULCE HOGAR
Home, sweet home.
(jóm, suít jóm)

VOCABULARIO DE USO GENERAL EN EL **HOGAR**

Español	Inglés	Pronunciación
alfombra	rug	róg
armario	closet	clóset
aspiradora	vacuum cleaner	vákium-klíner
azulejos	tiles	táils
basura	garbage	gárbach
buzón	mailbox	méil-box
casa	house	jáus
cielo raso	ceiling	cílin
cocina	kitchen	kítchen
comedor	dining room	dáinin-rúm
cuarto baño	bath-room	baz-rúm
cuarto dormir	bedroom	bed-rúm

Español	**Inglés**	**Pronunciación**
cuarto para almacenar	utility room	iutíliti rúm
entrada / garage	driveway	dráiv-uéi
escaleras	stairs	stéars
escaleras arriba	upstairs	op-stéars
escalera carpintero	step ladder	stép-lárer
escalones	steps	stěps
garage	garage	garách
hogar	home	jóm
interruptor eléctrico	light switch	láit suítch
ladrillo	brick	brick
lavadora	washing machine	uáchin machín
lavandería	laundry room	lóndri-rúm
llave	key	kí
madera	wood	úud
pared	wall	uól
patio	yard	yárd
persianas	blinds	bláinds
piso	floor	flóar
piscina	swimming pool	suímin púul
portal	porch	pórch
puerta	door	dóar
sala	living room	lívin-rúm
sillón	armchair	árm-chéar
sótano	cellar	célar
techo	roof	rúf
ventana	window	uíndou

Español	**Inglés**	**Pronunciación**
abrir	open	óupen
ahorrar	save	séiv
añadir	add	ád
apagar la luz	turn-off the light	térn-of di láit
asar	roast	róust
barrer	sweep	suíp
batir, mezclar	mix	míx
cocinar	cook	cúk
colar	strain	stréin
calentar	heat	jít
comer	eat	ít
comprar	buy	bái
cortar en cuadritos	dice	dáis
cubrir	cover	cóver
empanizar	bread	bréd
empaquetar	pack	pák
encender luz	turn-on the light	térn-on di láit
encerar	wax	uáx
enfriar	cool	kúl
enjuagar	rinse	ríns
envolver	wrap	ráp
escabeche	marinate	marinéit
escribir	write	ráit
espolvorear	dredge	dréch
desmeduzar	shred	shréd
dorar	brown	bráun
hacer	make	méik
hervir	boil	bóil

Español	Inglés	Pronunciación
hilvanar	baste	béist
hornear	bake	béik
lavar	wash	uásh
llenar	fill	fíl
medir	measure	méchur
mezclar	mix	míx
pelar	peel	píl
planchar	iron	áiron
preparar	prepare	pripéar
puré	mash	másh
quemar	burn	bérn
rallar	grate	gréit
raspar	scrape	scréip
rebanar	slice	sláis
remojar	soak	soúk
restregar	scrub	scrób
revolver	stir	stír
rociar	sprinkle	sprínkl
romper	break	bréik
sazonar	season	síson
secar	dry	drái
servir	serve	sérv
tomar, beber	drink	drínk

MUEBLES Y ACCESORIOS

Español	Inglés	Pronunciación
banqueta	stool	stúl
butaca	armchair	árm-chéar
cenicero	ashtray	ach-tréi
cojines	cushions	cúchions
cómoda	chest	chést
cortina	drape	dréip
escritorio	desk	désk
espejo	mirror	míror
gabinete	cabinet	cábinet
librero	bookcase	búk-kéis
luz	light	láit
maceta	pot	pót
mecedora	rocking chair	rókin-chéar
mesa noche	night table	náit téibl
periódicos	newspapers	niús-péipers
revistas	magazines	mágazins
silla	chair	chéar
sofa	sofa	sóufa
televisor	T.V. set	tí-ví set
tocadiscos	record player	rékord pléiyer
tocador	dresser	dréser

UTENSILIOS PARA EL HOGAR

Español	Inglés	Pronunciación
abridor de latas	can opener	can ópener
cepillo	brush	bróch
cesto basura	waste basket	uéist básket
cubo	bucket	bócket
cubo basura	garbage can	gárbach can
detergente	detergent	ditérgent
escoba	broom	brúm
escurridor platos	dish drainer	dísh dréiner
esponja	sponge	spóunch
frazada	mop	móp
jabón	soap	sóup
raspador	scraper	scráper
repisa	shelf	shélf
trapo	rag	rág
saca corcho	corkscrew	córk-scriú
sartén	frying pan	fráin-pán
papel encerado	wax paper	uáx-péipar
percheros	hangers	jánguers

FLORES

Español	Inglés	Pronunciación
amapola	poppy	pópi
azahares	) orange) blossom	) óranch) blóson
azucena	lily	líli
clavel	carnation	carnéichion
flores	flowers	fláuers
gardenia	gardenia	gardínia
geranio	geranium	yeréinium
girasol	sun flower	són fláuer
helecho	fern	férn
hiedra	poison ivy	póison áivi
lirio	lily	líli
margarita	daisy	déisi
rosa	rose	róus
rosal	rosebush	róus-bóch
tulipán	tulip	tiúlip
violeta	violet	váiolet

JARDIN

Español	Inglés	Pronunciación
árbol	tree	trí
coartador) hierba)	grass mower	grás móuer
flor	flower	fláuer
escoba	broom	brúm
hierba	grass	grás
jardín	garden	gárden
manguera	hose	jóus
pala	shovel	cháuel
sistema riego	sprinkler	sprínkler
tijeras	scissors	sísors
tierra jardín	soil	sóil

LA COCINA

ME GUSTA COCINAR
I like cooking
(ái láik cúkin)

COCINAR LA COMIDA
Cook the food
(cúk di fúud)

LA COMIDA ESTA SERVIDA
Dinner is ready
(díner is rédi)

¿QUE HARE HOY?
What would I do today?
(uát úud ái du tudéi?)

TENGO MUCHAS COSAS QUE HACER
I have a lot to do
(ái jáv éi lót tú dú)

TENGO HAMBRE
I am hungry
(ái ám júngri)

TENGO SED
I am thirsty
(ái am zérsti)

EL BISTEC ESTA BIEN ASADO
The steak is well done
(di stéik is uél don)

ME GUSTA MEDIO ASADO
I like it medium
(ái láik it mídium)

ME GUSTA MEDIO CRUDO
I like it rare
(ái láik it réar)

DEMASIADO DULCE
Too sweet
(tu suít)

ESTA AGRIO
It is sour
(it is sáuer)

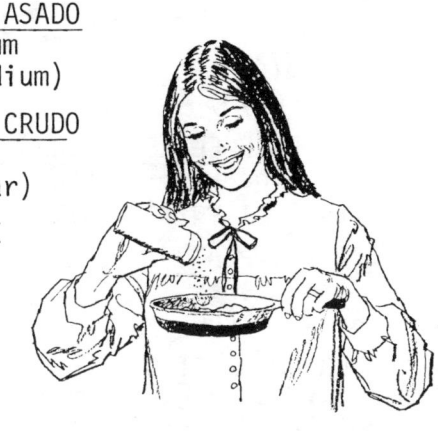

SOLO UN PLATO DE SOPA
Only a bowl of soup
(ónli éi bóul of súp)

¿QUE TE GUSTARIA DE POSTRE?
What would you like for dessert?
(uát úud yu láik for disért?)

ESTO ESTA LIMPIO
This is clean
(dis is clín)

ESTA CALIENTE
It is hot
(it is jót)

ESTA FRIO
It is cold
(it is cóuld)

DESCONGELAR EL REFRIGERADOR
Defrost the refrigerator
(difróst di refriyiréitor)

SECAR LOS PLATOS
Dry the dishes
(drái di díches)

ROMPER LOS PLATOS
Break the dishes
(bréik di díches)

ENJUAGAR LOS PLATOS
Rinse the dishes
(ríns di díches)

ENCENDER EL HORNO
Turn on the oven
(térn on di óuven)

APAGAR EL HORNO
Turn off the oven
(térn of di óuven)

COMIDA FRESCA
Fresh food
(frés fúud)

ESTA RANCIO
It is stale
(It is stéil)

CARNE ASADA
Roast beef
(róust bíf)

CHULETAS DE PUERTO
Pork chops
(pórk chóps)

ESCALOPE DE TERNERA
Veal cutlet
(víl cót-let)

REVOLTILLO DE HUEVOS
Scrambled eggs
(scrámbl'd égs)

HUEVOS PASADOS POR AGUA
Soft boiled eggs
(sóft bóil'd égs)

PAPAS A LA CASEROLA
Homemade potatoes
(jóm-méid potéitos)

PAPAS FRITAS
French fries
(frénch fráis)

ARROZ FRITO CON CAMARONES
Fried rice with shrimps
(fráid ráis uíz shrímps)

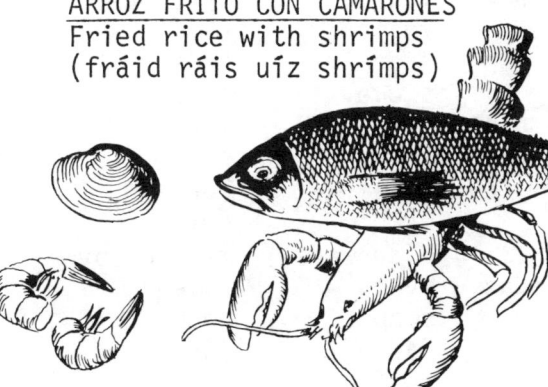

LA COCINA - VOCABULARIO

Español	Inglés	Pronunciación
almuerzo	lunch	lónch
agua	water	uóter
batidora	mixer	míxer
cafetera	coffee maker	cófi méiker
cena	supper	sóper
cocina	kitchen	kítchen
comida	dinner	díner
congelador	freezer	frízer
cubiertos	silverware	sílver-uéar
cuchara	spoon	spún
cucharita	teaspoon	tí-spún
cuchillo	knife	náif
escoba	broom	brúm
estufa	stove	stóuv
frazada piso	mop	móp
fregadero	sink	sínk
fuente	bowl	bóul
horno	oven	óuven
horno)	microwave)	máicro-uáv
micro-ondas)	oven)	óuven
jabón	soap	sóup
jarra	jar	yár
loza, porcelana)	chinaware	cháina-uéar

Español	Inglés	Pronunciación
mantel	tablecloth	téibl-clóz
mesa	table	téibl
mesa comedor	dining table	dáinin-téibl
olla	pot	pót
palillo / dientes	toothpick	túz-pík
papel encerado	wax paper	uáx péipar
plato	dish	dísh
plato postre	dessert dish	disért dísh
sartén	frying pan	fráin-pan
servilletas	napkins	nápkins
taza	cup	cóp
tenedor	fork	fórk
vaso	glass	glás
vino	wine	uáin

PRODUCTOS Y ALIMENTOS FRECUENTEMENTE UTILIZADOS EN LA COCINA

Español	Inglés	Pronunciación ON
aceite	oil	óil
almidón	starch	stárch
arroz	rice	ráis
azúcar	sugar	chúgar
café	coffee	cófi
caldo	broth	bróz
canela	cinnamon	cínamon
carne	meat	mít
carne (vaca)	beef	bíf
carne puerco	pork	pórk
carnero	mutton	múton
cacao	cocoa	cocóa
chocolate	chocolate	chócoleit
comida	food	fúd
ensalada	salad	sálad
estofado	stew	stiú
fósforos	matches	mátches
frijoles	beans	bíns

galletas	crackers	crákers
galleticas	cookies	cúkis
harina	flour	fláuer
harina avena	oatmeal	ót-míl
harina maíz	cornmeal	córn-míl
helado	ice cream	áis crím
huevos	eggs	égs
jalea	jelly	yéli
jamón	ham	jám
levadura	yeast	yést
levadura para hornear	) baking) powder	) béikin) páuder
leche	milk	mílk
limonada	lemonade	lemonéid
macarrones	maraconi	macaróni
manteca	lard	lárd
mantequilla	butter	bóter
margarina	margarine	márgarin

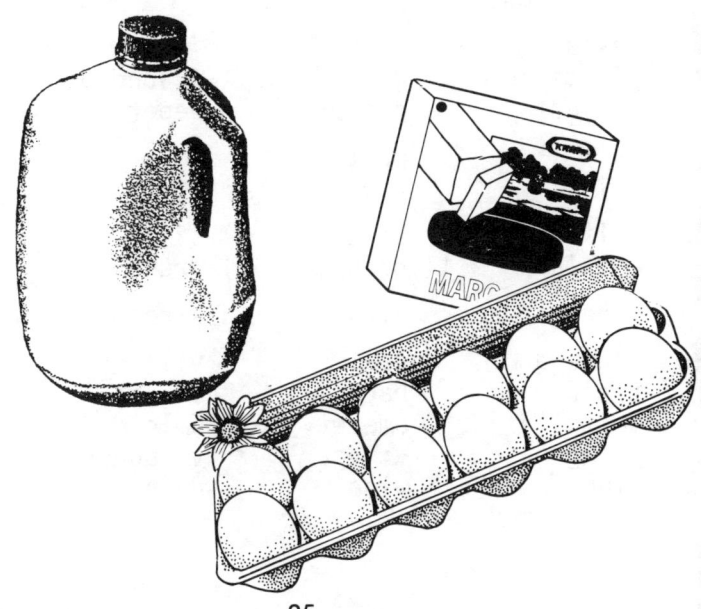

Español	**Inglés**	**Pronunciación**
mayonesa	mayonnaise	meiyonéis
miel	honey	jóni
mostaza	mustard	móstard
pan	bread	bréd
pan de maíz	corn bread	córn bréd
papas	potatoes	potéitos
papas hervidas	) boiled) potatoes	) boil'd) potéitos
pastel	pie	pái
pepinos) encurtidos)	pickles	píkels
pescado	fish	fích
picadillo	ground beef	gráund bíf
pimienta	pepper	péper
sal	salt	sólt
salsa	sauce	sós
salsa) ensalada)	) salad) dressing	) sálad) drésin
sirope	syrup	sírop
ternera	veal	víl
tocino	bacon	béicon
tortilla	omelet	ómlet
vinagre	vinegar	vínaguer
vino	wine	uáin

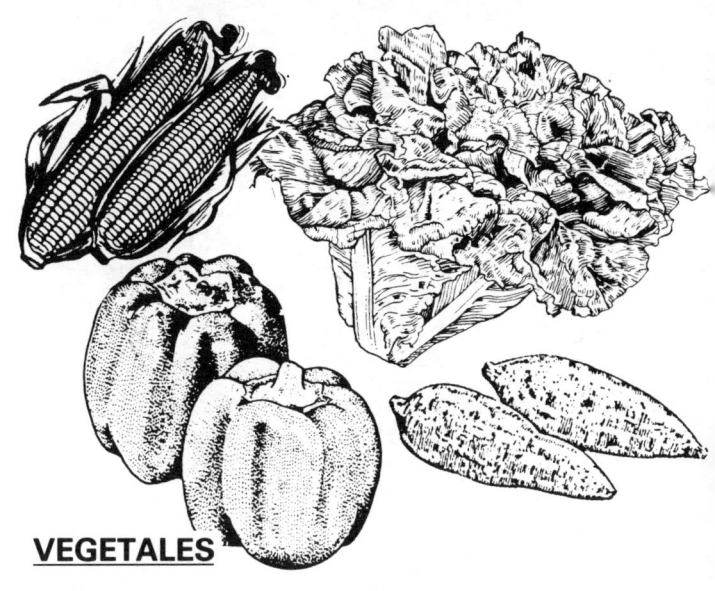

VEGETALES

Español	Inglés	Pronunciación
acelga	swiss chard	suís chárd
ají	pepper	péper
ajo	garlic	gárlic
apio	celery	céleri
berenjena	egg plant	ég plánt
boniatos	(sweet (potatoes	(suít (potéitos
brocoli	broccoli	brócoli
calabaza	pumpkin	pómp-kin
cebollas	onions	ónions
col	cabbage	cábach
espárragos	asparagus	aspáragus
guisantes	peas	pís
lechuga	lettuce	lérus
mazorca de maíz	(corn on (the cob	(córn on (de cób

Español	**Inglés**	**Pronunciación**
nabos	turnips	tórnips
papas	potatoes	potéitos
pepino	cucumber	cucómber
pimientos	pepper	péper
plátanos	plantains	plantéins
quimbombó	okra	ókra
rábanos	radishes	rádiches
remolacha	beets	bíts
setas, hongos	mushrooms	móch-rúms
tomates	tomatoes	toméitos
zanahoria	carrot	cárot

FRUTAS

Español	**Inglés**	**Pronunciación**
almendra	almonds	álmonds
cerezas	cherries	chéris
ciruelas pasas	prunes	prúns
ciruelas	plums	plóms

Español	Inglés	Pronunciación
coco	coconut	cóco-nút
fresas	strawberries	stró-béris
guayaba	guava	guáva
higos	figs	fígs
limones	lemons	lémons
mango	mango	mángo
manzana	apple	ápl
melocotones	peaches	píches
melón	melon	mélon
melón agua	watermelon	uóter-mélon
naranja	orange	óranch
nueces	nuts	nóts
pasas	raisins	réisins
pera	pear	píar
piña	pineapple	páin-ápl
platanos	bananas	banánas
toronjas	grape fruit	gréip frút
uvas	grapes	gréips

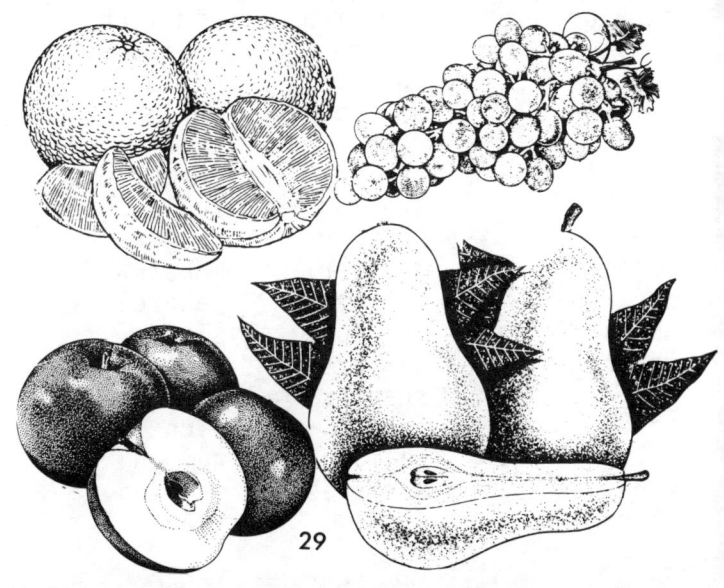

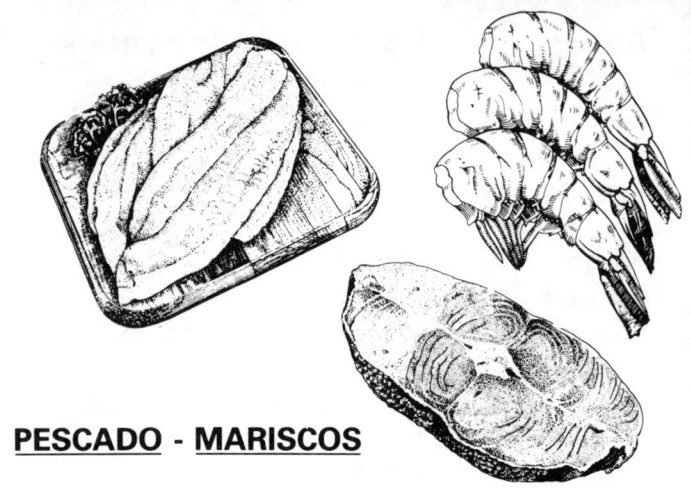

PESCADO - MARISCOS

Español	Inglés	Pronunciación
almeja	clam	clám
arenque	herring	jérin
atún	tuna	túna
bacalao	cod fish	cód fích
bonito	bonito	boníto
calamar	squid	skuíd
camarón	shrimp	shrímp
cangrejo	crab	cráb
caviar	caviar	cavíar
concha	scallop	scálop
cherna	grouper	grúper
langosta	lobster	lóbster
macarela	mackarel	mákarel
mariscos	sea food	sí fúd
ostiones	oysters	óisters
pargo	snapper	snáper
pescado	fish	fích
salmón	salmon	sálmon
sardinas	sardines	sardíns
trucha	trout	tráut

TERMINOS QUE SE USAN EN LA COCINA

Español	Inglés	Pronunciación
a la parrilla	grilled	gril'd
asado	broiled	broil'd
batido	whipped	uíp'd
cocinado	cooked	kúk'd
congelado	frozen	fróusen
crudo	raw	ró
empanizado	breaded	bredéd
en ruedas	sliced	esláis'd
espeso	thick	zík
frío	cold	cóuld
frito	fried	fráid
hervido	boiled	boil'd
horneado	baked	béik'd
rallado	grated	gréited
relleno	stuffing	stófin
salsa	gravy	gréivi
tierno	tender	ténder

BEBIDAS MAS FRECUENTES

Español	Inglés	Pronunciación
agua	water	uóter
agua soda	soda water	sóda uóter
coñac	brandy	brándi
crema	cream	crím
cubitos de hielo	ice cubes	áis kiúbs
gengibre	ginger	yínyer
ginebra	gin	yín
jugo limón	lemon juice	lémon yús
licor	liquor	líquor
ron	rum	róm
sidra	cider	sáider
vino	wine	uáin
whiskey	whiskey	uíski

DORMITORIO

Español	Inglés	Pronunciación
almohada	pillow	pílou
alfombra	rug	rog
armario, closet	closet	clóset
butaca	armchair	árm-chéar
cama	bed	béd
cenicero	ash tray	ásh-tréi
colcha cama, sobrecama	bedspread	béd-spréd
colchón	mattress	mátres
cuna	crib	críb
cuadro	picture	pík-chúar
despertador	alarm clock	alárm clók
espejo	mirror	míror
frazada	blanket	blánket
frazada eléctrica	electric blanket	eléctrik blánket
funda almohada	pilow case	pílou kéis
gaveta	drawer	dróuer

Español	**Inglés**	**Pronunciación**
lámpara	lamp	lámp
perchero / colgador	hanger	jánguer
puerta corredera	sliding door	sláidin dóar
sábana	sheet	chíit
sobrecama acolchonada	quilt	kuílt

CUARTO BAÑO

Español	Inglés	Pronunciación
bañadera	bathtub	báz-tób
cepillo	brush	bróch
cepillo) dientes)	tooth) brush)	tús) bróch)
cortina	curtain	kérten
ducha	shower	cháuer
jabón	soap	sóup
inodoro	toilet	tóilet
llave agua	faucet	fóset
papel) sanitario)	toilet) paper)	tóilet) péiper)
pasta) dientes)	tooth) paste)	túz) péist)
peine	comb	cómb
secador de) pelo)	hair) dryer)	jéar) dráier)
tohalla	towel	táuel

LAVANDERIA

LAVAR LA ROPA
Wash the clothes
(uásh di clózes)

ECHAR ANDAR LA LAVADORA
Turn on the washing machine
(térn on di uáshin machín)

PARAR LA LAVADORA
Turn off the washing machine
(térn of di uáshin machín)

NECESITA BLANQUEADOR
Needs bleaching
(níds blíchin)

NECESITA ALMIDON
Needs starching
(níds stárchin)

UN POCO DE AÑIL
A little bluing
(éi lítel blúin)

COLGAR LA ROPA EN LA TENDEDERA
Hang the clothes on the line
(jáng di clózes on di láin)

DOBLAR LA ROPA
Fold the clothes
(fóuld di clózes)

ROCIAR LA ROPA
Sprinkle the clothes
(sprínkel di clózes)

ENJUAGAR LA ROPA
Rinse the clothes
(ríns di clózes)

DEMASIADO HUMEDA
Too damp
(tú dámp)

DEMASIADO SECA
Too dry
(tú drái)

ESTO ESTA LIMPIO
This is clean
(dís is clín)

LAVANDERIA

Español	Inglés	Pronunciación
almidón	starch	stárch
añil	bluing	blú-in
arrugado	wrinkled	rinkl'd
blanqueador	bleach	blích
cesta ropa	) laundry) basket	) lóndri) básket
cubo	bucket	bóket
detergente	detergent	ditérgent
enjuagar	rinse	ríns
escoba	broom	brúm
fregadero	sink	sínk
húmedo	damp	dámp
lavadora	washing machine	) uá-chín) machín
lavandería	laundry	lóndri
limpio	clean	clín
mojado	wet	uét
plancha	iron	áiron
tabla planchar	) ironing) board	) áironin) bóard
secadora	dryer	dráier
seco	dry	drái
sucio	dirty	dérti
trapeador	mop	móp

ARTICULOS DE TOCADOR

YO MISMA ME MAQUILLO
I do my own make-up
(ái dú mái óun méik-óp)

NECESITO CORTARME EL PELO
I need a hair cut
(ái níd éi jéar cót)

QUIERO ARREGLARME EL PELO
I want my hair set
(ái uánt mái jéar sét)

NECESITO UN PERMANENTE
I need a permanent
(ái níd éi pérmanent)

¿PUEDE TEÑIRME EL PELO?
Can you dye my hair?
(can yu dái mái jéar?)

QUIERO SACARME LAS CEJAS
I want my eyebrows tweezed
(ái uánt mái ái-bráus tuíz'd)

ARTICULOS DE TOCADOR

Español	Inglés	Pronunciación
agua colonia	cologne	kolóun
agua tocador	toilet water	tóilet uóter
atomizador	sprayer	spréier
brillo	gloss	glós
cepillo	brush	bróch
cepillo cejas	) eyebrow) brush	) ái-bráu) bróch
cepillo dientes	) tooth) brush	) túz) bróch
cepillo uñas	nail brush	néil bróch
champú	shampoo	champú
colorete	blusher	blócher
corta uñas	nail clipper	néil clíper
crema base	cream base	krím béis
crema limpiadora	) cleansing) cream	) klínsin) crím

Español	Inglés	Pronunciación
creyón labios	lipstick	líp-stík
enjuague	rinse	ríns
esmalte uñas	nail polish	néil pólich
espejo	mirror	míror
delineador	eye liner	ái-láiner
ganchos pelo	hair pins	jéar pins
guantes goma	rubber gloves	róber glóuvs
hoja afeitar	razor blade	réisor bléid
jabón	soap	sóup
laca pelo	hair spray	jéar spréi
lápiz cejas	eyebrow pencil	ái-bráu pénsil
lima uñas	nail file	néil fáil
loción manos	hand lotion	jánd lóchion

Español	Inglés	Pronunciación
loción	lotion	lóchion
loción sol	) suntan) lotion	) són-tán) lóchion
maquillaje	make-up	méik-óp
polvo facial	face powder	féis paúder
papel sanitario	) toilet) paper	) tóilet) péipar
peine	comb	cómb
peluquería	) beauty) parlor	) biúti) péilor
perfume	perfume	pérfium
pinzas	tweezers	tuízers
rizadores	curlers	kérlers
rizador pestañas	) eyelash) curlers	) ái-lách) kérlers

Español	Inglés	Pronunciación
removedor	remover	rimúver
rolos	) hair) rollers	) jéar) rólers
secador pelo	) blower	blóuer
servilletas faciales	) facial) tissues	) fáchial) tíchus
sombra	eye shadow	ái chádou
talco	talc	tólk
tinte de pelo	) dye	dái
tinte con decoloración	) bleach and) dye	) blích and) dái
tijeras	scissors	sísors

VESTIDOS - ROPA

VAMOS DE TIENDAS
Let's go shopping
(lets góu chópin)

NECESITO AYUDA
I need help
(ái níd jélp)

NO ME GUSTA ESTO
I don't like this
(ái don't láik dís)

ME LO QUEDO
I will take it
(ái uíl téik it)

TIENE ALGO ....
Do you have something ...
(dú yú jáv somzín...)

> MAS BARATO
> Cheaper
> (chíper)
>
> MEJOR
> Better
> (béter)
>
> DE MAS TAMAÑO
> Larger
> (láryer)
>
> MAS PEQUEÑO
> Smaller
> (smóler)
>
> MAS LARGO
> Longer
> (lónger)
>
> MAS CORTO
> Shorter
> (chórter)

¿CUANTO VALE?
How much is it?
(jáu móch is it?)

NO ME QUEDA BIEN
It doesn't fit
(it dosen't fit)

¿PUEDO DEVOLVERLO?
May I return it?
(méi ái ritérn it?)

¿EN QUE LINEA PUEDO ENCONTRARLO?
In what line could I find it?
(In uát láin kúud ái fáind it?

ESTA NO ES MI TALLA
This is not my size
(dis is not mái sáis)

TENGO PRISA
I am in a hurry
(ái am in éi jéri)

VESTIDOS - ROPA - VOCABULARIO

Español	Inglés	Pronunciación
abrigo	coat	cóut
ajustador	brassiere	brasíer
bata baño	bathrobe	baz-róub
blusa	blouse	bláus
bufanda	scarf	scárf
calcetines	socks	sóks
camisa	shirt	chért
camiseta	undershirt	ónder-chért
camisón / dormir	nightgown	náit-gáun
capa agua	rain coat	réin cóut
chaqueta	jacket	jáket
cinturón	belt	bélt
corbata	tie	tái
delantal	apron	éipron
faja	girdle	guérd'l
guantes	gloves	glóuvs
hebilla	buckle	blókel
medias	hose	jóus
pantalones	trousers	tráusers
pantalones hombres	pants	pánts
pantalón interior mujer	panty	pánti
pantalón vaquero	jean	jín
pañuelo	handkerchief	jánker-chíf

Español	Inglés	Pronunciación
paragua	umbrella	ombréla
piel	fur	fér
pijama	pajama	payáma
refajo	slip	slíp
ropa	clothing	clózin
ropa deportiva	sportwear	sport-uéar
ropa interior	underwear	ónder-uéar
saya	skirt	skért
sayuela	half slip	jáv-slip
sombrero	hat	ját
traje	suit	sút
traje etiqueta	evening dress	iv-nín dres
trusa	bathing suit	béidin-sút
uniforme	uniform	iúniform
vestido	dress	drés
vestido camisero	shirt dress	chért drés
vestido novia	bridal gown	bráidal gáun
vestido maternidad	maternity dress	matérnity drés
vestido plisado	pleated dress	plíted drés
zapatos	shoes	chús

TIPOS DE TEJIDOS

Español	Inglés	Pronunciación
acrílico	acrylic	acrílic
algodón	cotton	cóton
encaje	lace	léis
estambre	woolen yarn	uúlen yárn
franela	flannel	flánel
hilo	linen	línen
lana	wool	uúl
nylon	nylon	náilon
poliéster	polyester	poliéster
seda	silk	sílk
tejido	knitted	níted
terciopelo	velvet	vélvet

PARA EL CUIDADO DE LA ROPA ESTA INFORMACION, O ALGUNA SIMILAR, APARECE EN LAS ETIQUETAS Y ES IMPORTANTE QUE SEPA INTERPRETARLAS.

MACHINE WASH	-	LAVESE EN LAVADORA
DELICATE CYCLE	-	EN CICLO DELICADO
TUMBLE DRY LOW	)	OPERE SECADORA EN CICLO BAJO
NON-CHLORINE	-	NO USE CLORO
HAND WASH COLD	)	LAVAR A MANO EN AGUA FRIA
DO NOT WRING OR TWIST	)	NO EXPRIMA O ESTRUJE
DRY FLAT	)	SEQUELO EXTENDIENDOLO PLANO
SMOOTH BY HAND	)	ALISELO A MANO

EQUIVALENCIA EN LAS TALLAS DE MUJER

VESTIDOS

U.S.A.	8	10	12	14	16	18	20
Otros países	38	40	42	44	46	48	50

ZAPATOS

U.S.A.	4	5	6	7	8	9
Otros países	35	36	37	38	39	40

BLUSAS

U.S.A.	32	34	36	38	40	42
Otros países	38	40	42	44	46	48

COSTURA

Español	Inglés	Pronunciación
aguja	needle	nídl
aguja máquina coser	sewing machine needle	sóin machín nídl
alfiler	straight pin	stréit pin
alfiler imperdible	safety pin	séifti pín
botón	button	bóton
broche macho-hembra	hook and eye	júk and ái
cinta	ribbon	ríbon
cinta medir	tape measure	téip méchur
dedal	thimble	zímbl
elástico	elastic	elástic
hebilla	buckle	bóckl
hilo	thread	zréd
hilvanar	baste	béist
sesgo	bias	báias
tijeras	scissors	síssors

MAQUINAS DE COSER

Español	Inglés	Pronunciación
aceite máquina coser	) sewing) machine oil	) sóin machín) óil
aguja	needle	nidl
bobina	spool	spúl
lanzadera	shuttle	chótl
máquina bordar	) embroidery) machine	) embróideri) machín
máquina coser	) sewing) machine	) sóin) machín
máquina coser eléctrica	) electric) sewing) machine	) eléctric) sóin) machín
máquina coser portátil	) portable) sewing) machine	) pórtable) sóin) machín
máquina coser de pedal	) pedal) sewing) machine	) pédal) sóin) machín
motor pulley	) motor) pulley	) mótor) púlei
puntada	stitch	stítch

ARTICULOS DE ESCRITORIO

Español	Inglés	Pronunciación
carta	letter	léter
borrador	eraser	iréiser
escribir	write	ráit
lápiz	pencil	péncil
papel	paper	péiper
pluma	pen	pén
regla	ruler	rúler
sobre	envelope	énvilop
tinta	ink	ínk

LA FAMILIA

ABUELOS
grandparents
(grand-párents)

ABUELA
grandmother
(grand-móder)

ABUELO
grandfather
(grand-fáder)

APELLIDO
family name
(fámily néim)

APELLIDO DE SOLTERA
maiden name
(méiden néim)

CASADO
married
(mérid)

CASARSE
to get married
(tu guét mérid)

CUÑADO
brother-in-law
(bróder in ló)

CUÑADA
sister-in-law
(síster in ló)

DIVORCIADO
divorced
(divorc'd)

ESPOSO, MARIDO
husband
(jósband)

ESPOSA, MUJER
wife
(uáif)

HIJA
daughter
(dóter)

HIJO
son
(son)

HERMANO, HERMANA
brother, sister
(bróder, síster)

HIJO ADOPTIVO
foster son
(fóster son)

HIJA ADOPTIVA
foster daughter
(fóster dóter)

HIJASTRO
stepson
(stép-son)

HUERFANO
orphan
(órfan)

LOS PADRES
parents
(párents)

MADRE, MAMA
mother mom
(móder, móm)

MELLIZOS, GEMELOS
twins
(tuíns)

MADRASTRA
stepmother
(stép-móder)

NOVIA, NOVIO
girlfriend, boyfriend
(guérl-frénd, bói-frénd)

NIETOS
grandchildren
(grand-chíldren)

NIETO, NIETA
grandson, grand-daughter
(gránd-són, gránd-dóter)

NOMBRE DE PILA
first name
(férst néim)

NUERA
daughter-in-law
(dóter-in-ló)

PRIMO
cousin
(cósin)

PADRASTRO
stepfather
(stép-fáder)

PADRE, PAPA
father, dad
(fáder, dád)

SOLTERO
bachelor
(báchelor)

SOLTERA
single
(síngl)

SOBRINO
nephew
(néfiu)

SOBRINA
niece
(nís)

SUEGRO
father-in-law
(fáder-in-ló)

SUEGRA
mother-in-law
(móder-in-ló)

TIO, TIA
uncle, aunt
(ónkel, ánt)

VIUDO
widower
(uídoer)

VIUDA
widow
(uídou)

ESTAR DE LUTO
mourning
(moúrnin)

LOS NIÑOS

Español	Inglés	Pronunciación
alfiler imperdible	safety pin	séifti pín
coche niño	baby carriage	béibi kérich
cuna	crib	críb
juguete	toy	tói
niño	baby	béibi
pañal	diaper	dáiper
niñera por horas	babysitter	béibi-síter

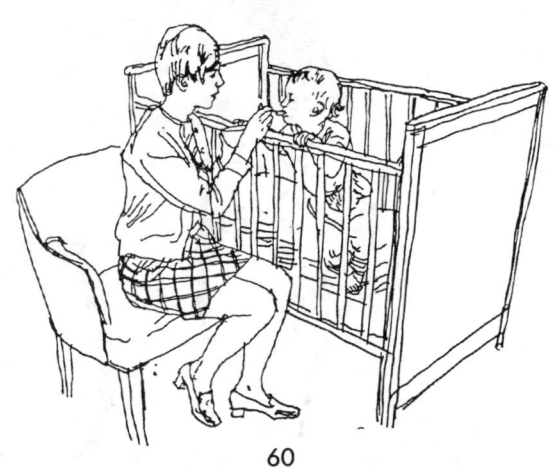

SI ESTA INGRESADA EN UN HOSPITAL

NO ME SIENTO BIEN
I am not feeling well
(ái ám not fílin uél)

TENGO FIEBRE
I have fever
(ái jáv fíver)

DESEO IR AL BAÑO
I want to go to the toilet
(ái uánt tu góu tu di tóilet)

¿ME PUEDE DAR LA CUÑA?
May I have the bedpan?
(méi ái jáv di béd-pán?)

ME HE ORINADO
I am wet
(ái am uét)

TENGO MAREOS
I feel dizzy
(ái fíl dísi)

ME DUELE
It hurts
(ít jérts)

ME DUELE AQUI
It hurts here
(It hérts jíar)

QUIERO ACOSTARME
I want to lie down
(ái uánt tu léi dáun)

QUIERO LEVANTARME
I want to get up
(ái uánt to guét up)

TENGO FRIO
I am cold
(ái am cóuld)

TENGO CALOR
I am hot
(ái am jót)

¿CUANDO VIENE EL DOCTOR?
When is the doctor coming?
(juén is di dóctor cómin)

NO PUEDO DORMIR
I can't sleep
(ái can't slíp)

¿QUE ME PASA?
What is the matter with me?
(juát is di máter uíz mí?)

ESTOY SANGRANDO
I am bleeding
(ái ám blídin)

NECESITO PRIMEROS AUXILIOS
I need first aid
(ái níd férst éid)

TENGO SUEÑO
I am sleepy
(ái ám slípi)

TENGO SED
I am thirsty
(ái ám zérsti)

TENGO MIEDO
I am scared
(ái ám skéar'd)

ESTOY TRISTE
I am sad
(ái ám sád)

ME SIENTO SOLA
I am lonely
(ái ám lónli)

NECESITO UNA FRAZADA
I need a blanket
(ái níd éi blánket)

ME SIENTO MEJOR
I feel better
(ái fíl bérer)

¿CUANDO PUEDO IRME A CASA?
When can I go home?
(juén cán ái góu jóm?)

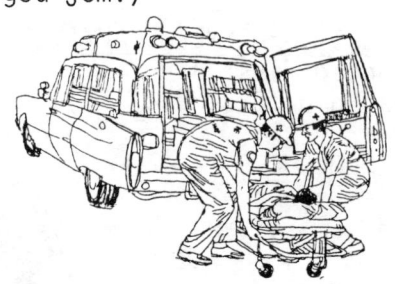

VOCABULARIO RELACIONADO
CON LA MEDICINA

Español	Inglés	Pronunciación
aceite hígado bacalao	cod liver oil	cód líver óil
aceite ricino	castor oil	cástor óil
agua oxigenada	peroxide	peróxaid
alcohol	alcohol	álcojol
aspirina	aspirin	áspirin
calmante	sedative	sédativ
emulsión	emulsion	emólchion
esparadrapo	adhesive tape	adjísiv téip
farmacia	drug store	dróg stóar
gasa	gauze	góz

Español	**Inglés**	**Pronunciación**
gotas para la tos	cough drops	cóf dróps
gotero para los ojos	eye dropper	ái dróper
inyección	injection	inyéctchion
laxante	laxative	láxativ
leche magnesia	milk of magnesia	mílk of magníchia
medicina	medicine	médicin
mentol	menthol	ménzol
píldoras	pills	píls
pomada	ointment	óintment
primeros auxilios	first aid	férst áid
receta	prescription	prescríptchion
sal de higuera	epson salts	épson sólts
suero	serum	sérum
pastilla	pill	píl
tónico	tonic	tónic
vacuna	vaccine	vác-cin
vaso para los ojos	eye cup	ái cóp
venditas	band aids	bánd áids
vitaminas	vitamins	váitamins
yodo	iodine	iodáin

TRASTORNOS MEDICOS

Español	Inglés	Pronunciación
ahogarse, atorarse	choke	chóuk
alergia	allergy	áleryi
amputación	amputation	amputéichion
anemia	anemia	anímia
antibiótico	antibiotic	antibiótic
antiséptico	antiseptic	antiséptic
apendicitis	appendicitis	apendisáitis
asma	asthma	ázma
balaceado	shot	shót
caída	fall	fól
ceguera	blindness	bláindnes
cirugía	surgery	séryeri
coágulo	blood clot	blót clót
débil	weak	uík
dolor, punzada	ache	éik
dolor de espalda	backache	bák-éik
dolor de oídos	earache	íar-éik

Español	**Inglés**	**Pronunciación**
dolor en el pecho	chest pain	chést péin
dientes postizos	false teeth	fóls tíz
estado de gestación	pregnant	prégnant
escalofríos	chills	chíls
erupción de la piel	rash	rách
excremento, heces fecales	stool	stúl
fiebre, calentura	fever	fíver
gripe, influenza	flu	flú
golpeado	beaten	bíten
hinchazón	swelling	suélin
impedido	handicap	jándicap
lesión	injury	ínyuri
miedo, temor	fear	fíar
parálisis	palsy	pálsi
picada, mordida	bite	báit
presión alta	high blood pressure	jái blód préchur
quemadura	burn	bérn
receta médica	prescription	prescrípchion

Español	Inglés	Pronunciación
sangrando	bleeding	blídin
sarampión	measels	mísels
sobrepeso	overweight	óver-uéit
sordo	deaf	déf
sudor	sweat	suét
torcedura	sprain	spréin
tos	cough	cóf
varicela, la china	chickenpox	chíken-póx
vejez	old age	óuld-éich

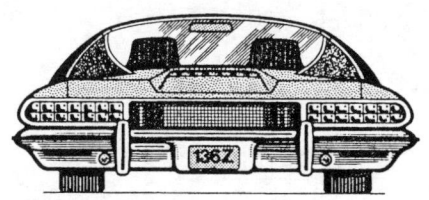

EL AUTOMOVIL

En este país el automóvil es tan indispensable, que es necesario conocer algo sobre él.

ESTACION DE GASOLINA
Gas station
(gás stéichion)

SERVICIO Y REPARACIONES
Service and repair
(sérvis and ripéar)

MI AUTOMOVIL ESTA ROTO
My car is broken
(mái cár is bróuken)

¿DONDE PUEDO ESTACIONARME?
Where can I park?
(juéar can ái park?)

EL ACUMULADOR ESTA DESCARGADO
The battery is dead
(di báteri is déd)

ESTOY PONCHADA (GOMA SIN AIRE)
I have a flat tire
(ái jáv éi flát táiar)

CAMBIO DE ACEITE
Oil change
(óil chéinch)

LLEVARSELO EN GRUA
Tow away
(tóu euéi)

¿A QUE DISTANCIA ESTA LA PROXIMA ESTACION DE GASOLINA?
How far is the next gas station?
(jáu fár is di néxt gas stéichion?

ESTOY PERDIDA
I am lost
(ái ám lóst)

QUIERO ALQUILAR UN AUTOMOVIL
I want to rent a car
(ái uánt tu rént éi cár)

¿PUEDE ARREGLARME EL AUTOMOVIL?
Can you fix my car?
(can yu fíx mái cár?)

¿CUANTO TIEMPO TARDARA?
How long will it take?
(jáu lóng uíl it téik?)

¿CUANTO ME COSTARA?
How much will it be?
(jáu móch uíl it bí?)

PARTES DEL AUTOMOVIL

Español	Inglés	Pronunciación
arranque	ignition	igníchion
baúl	trunk	trónk
bomba gasolina	fuel pump	fíul pómp
bombillo	bulb	bólb
cambio / velocidad	gearshift	gíar-shíft
claxon/bocina	horn	jórn
capó	hood	júd
cable	cable	kéibol
destornillador	screwdriver	skriú-dráiver
farol delantero	head light	jéd láit
guardafango	fender	fénder
freno	brakes	bréiks
gato	jack	yák
limpiaparabrisa	wiper	uáiper
llave inglesa	wrench	rénch
martillo	hammer	jámer
motor arranque	starter	stárter
parachoques	bumper	bómper
pinzas	pliers	pláiers
radiador	radiator	radiétor
rueda	wheel	uíl

¡SOBRE EL AMOR....!

TE QUIERO
(I love you
(ái lóv yu)

SIMPATIZO CONTIGO
I like you
(ái láik yu)

QUIERO ESTAR CONTIGO
I want to be with you
(ái uánt tu bi uíz yu)

TE NECESITO MUCHO
I need you very much
(ái níid yu véri moch)

QUIERO CONOCERTE MEJOR
I want to know you better
(ái uánt tu nóu yu béter)

LLAMAME POR TELEFONO
I want you to call me
(ái uánt yu tu col mi)

DAME TU NUMERO DE TELEFONO
Let me have your phone number
(lét mi jáv yúar fón nómber)

TE EXTRAÑO MUCHO
I miss you very much
(ái mis yu véri móch)

ME GUSTARIA SALIR CONTIGO
I would like to date you
(ái úud láik tu déit yu)

¿TE GUSTARIA CENAR CONMIGO?
Would you like to have dinner?
(úud yu láik to háv díner?)

¿TE GUSTARIA IR A BAILAR?
Would you like to go dancing?
(úud yu láik tu góu dáncin?)

¿TE GUSTARIA IR AL CINE?
Would you like to go to the movie?
(úud yu láik tu góu tu di múvi?)

TE QUIERO COMO ERES
I love you the way you are
(ái lóv yu di uéi yu ár)

BESAME
Kiss me
(kís mí)

UN ABRAZO AFECTUOSO
Give me a hug
(gív mí éi jóg)

BESO DE DESPEDIDA POR LA NOCHE
Good night kiss
(gúud náit kís)

¿QUIERES SUBIR A TOMAR UN TRAGO?
Would you come up for a drink?
(úud yu cóm óp for éi drínk?)
(Cuidado, esto es peligroso...!)

QUIERO HACERTE EL AMOR
I want to make love to you
(ái uánt tu méik lóv tu yu)

QUIEREME O DEJAME
Love me, or leave me
(lóv mí, or lív mí)

PORTATE BIEN
Behave yourself
(bijéiv yúar-sélf)

TE ESTAS APROVECHANDO DE MI
You are taking advantage of me
(yu ár téikin advantéich of mi)

TE ESTAS PROPASANDO
You are being fresh
(yu ár bí-in fréch)

NO AMOR MORBOSO (SUCIO)
No kinky love
(no kínki lóv)

SIN COMPROMISO
Without any commitment
(uíz-áut éni comítment)

¿TE QUIERES CASAR CONMIGO?
Would you marry me?
(úud yu méri mí?)

EL ALFABETO

PARA DELETREAR NOMBRES USE LA SIGUIENTE PRONUNCIACION DEL ALFABETO.

A	**B**	**C**	**D**	**E**	**F**
(éi)	(bí)	(cí)	(dí)	(i)	(ef)
G	**H**	**I**	**J**	**K**	
(yí)	(éich)	(ái)	(yéi)	(kéi)	
L	**M**	**N**	**O**	**P**	
(él)	(em)	(en)	(óu)	(pí)	
Q	**R**	**S**	**T**	**U**	
(kiú)	(ar)	(és)	(tí)	(iú)	
V	**W**	**X**	**Y**	**Z**	
(ví)	(dóbliu)	(éx)	(uáy)	(zí)	

MI NOMBRE ES CLARA

My name is Clara
(mái néim is

  C   L   A   R   A
(cí) (él) (éi) (ar) (éi)

MESES DEL AÑO

Español	Inglés	Pronunciación
ENERO	JANUARY	yánuari
FEBRERO	FEBRUARY	fébruari
MARZO	MARCH	márch
ABRIL	APRIL	éipril
MAYO	MAY	méi
JUNIO	JUNE	yún
JULIO	JULY	yulái
AGOSTO	AUGUST	ógost
SEPTIEMBRE	SEPTEMBER	septémber
OCTUBRE	OCTOBER	octóber
NOVIEMBRE	NOVEMBER	novémber
DICIEMBRE	DECEMBER	dicémber

DIAS DE LA SEMANA, ESTACIONES DEL AÑO
DIAS FESTIVOS

DIAS DE LA SEMANA

Español	Inglés	Pronunciación
LUNES	MONDAY	móndei
MARTES	TUESDAY	tiúsdei
MIERCOLES	WEDNESDAY	uénsdei
JUEVES	THURSDAY	zérsdei
VIERNES	FRIDAY	fráidei
SABADO	SATURDAY	sáterdei
DOMINGO	SUNDAY	sóndei
FIN DE SEMANA	WEEK-END	uík-énd

ESTACIONES DEL AÑO

PRIMAVERA	SPRING	spríng
VERANO	SUMMER	sómer
OTOÑO	FALL	fól
INVIERNO	WINTER	uínter

DIAS FESTIVOS HOLIDAYS (Jóli-déis)

PASCUA FLORIDA	EASTER	íster
NAVIDAD	CHRISTMAS	krístmas
DIA DE LA RAZA	(COLOMBUS (DAY	(kolómbus (day
DIA DE ACCION DE GRACIAS	(THANKS- (GIVING	(zanks (guíven
AÑO NUEVO	NEW YEAR	niú yíar

LOS NUMEROS

	Inglés	**Pronunciación**
1	ONE	uán
2	TWO	tú
3	THREE	zrí
4	FOUR	fóar
5	FIVE	fáiv
6	SIX	síx
7	SEVEN	séven
8	EIGHT	éit
9	NINE	náin
10	TEN	tén
11	ELEVEN	iléven
12	TWELVE	tuélv
13	THIRTEEN	zertín
14	FOURTEEN	fortín
15	FIFTEEN	fiftín
16	SIXTEEN	sixtín
17	SEVENTEEN	seven-tín
18	EIGHTEEN	eitín
19	NINETEEN	náin-tín
20	TWENTY	tuénti
30	THIRTY	zérti
40	FORTY	fórti
50	FIFTY	fífti

LOS NUMEROS (Continuación)

	Inglés	Pronunciación
60	SIXTY	síxsti
70	SEVENTY	séventi
80	EIGHTY	éity
90	NINETY	náinti
100	ONE HUNDRED	uán jóndred
200	TWO HUNDRED	tú jóndred
1,000	ONE THOUSAND	uán záusand
2,000	TWO THOUSAND	tú záusand
1,000,000	ONE MILLION	uán mílion

Los números en inglés se agregan, es decir, twenty-one (tuénti-uán) es el 21, al 22 se le agrega un dos, o sea twenty-two (tuénti-tú) y así sucesivamente es la regla en todos los números.

Por ejemplo, el número 225 sería: TWO HUNDRED TWENTY FIVE (tú jóndred tuénti fáiv).

El número 348, sería THREE HUNDRED FORTY EIGHT (zrí jóndred fórti éit).

El número 1,850 sería, ONE THOUSAND, EIGHT HUNDRED FIFTY (uán záusand, éit jóndred fifty).

COLORES

Español	Inglés	Pronunciación
AMARILLO	YELLOW	yélou
ANARANJADO	ORANGE	óranch
AZUL	blue	blú
BEIGE	BEIGE	béich
BLANCO	WHITE	uáit
CARMELITA	BROWN	bráun
DORADO	GOLD	góuld
GRIS	GREY	gréi
NEGRO	BLACK	blák
PLATEADO	SILVER	sílver
ROJO	RED	réd
ROSADO	PINK	pínk
TOSTADO	TAN	tán
VERDE	green	grín
VIOLETA	purple	pérpel
OSCURO	DARK	dárk
CLARO	LIGHT	láit

AVISOS - LETREROS

COMO LOS AVISOS Y LETREROS APARECEN EN INGLES, SE MOSTRARA PRIMERO EL INGLES Y A CONTINUACION SU SIGNIFICADO.

Inglés	**Español**
ADMISSION FREE	ENTRADA GRATIS
BAGGAGE	MALETAS
BEWARE OF DOG	CUIDADO CON EL PERRO
BUS STOP	PARADA DE OMNIBUS
CASHIER	CAJERO
CAUTION	CUIDADO
CLOSED	CERRADO
DANGER	PELIGRO
DO NOT ENTER	NO ENTRE
DO NOT TOUCH	NO TOQUE
ELEVATOR	ELEVADOR
EMERGENCY EXIT	SALIDA EMERGENCIA
ENTRANCE	ENTRADA
ESCALETOR	(ESCALERA (ELECTRICA
EXIT	SALIDA
FIRE EXIT	SALIDA FUEGO
FOR LEASE	ARRENDAMIENTO
FOR RENT	SE ALQUILA
FOR SALE	SE VENDE
HELP WANTED	(SE SOLICITA (EMPLEADO

Inglés	**Español**
LADIES	SEÑORAS
MEN	HOMBRES
NO LITTERING	(NO TIRAR (BASURA
NO SMOKING	NO FUMAR
NO TRESPASSING	NO PASAR
NO ENTRANCE	NO ENTRAR
NO U-TURN	NO VIRE EN U
NO LEFT TURN	(NO VIRAR A LA (IZQUIERDA
ONE WAY	UNA SOLA VIA
OPEN	ABIERTO
PRIVATE	PRIVADO
PULL	TIRAR, HALAR
PUSH	EMPUJE
RESERVED	RESERVADO
REST ROOMS	BAÑOS
SALE	(VENTA, VENTA (ESPECIAL
STOP	PARE
VACANCY	VACANTE
WOMEN	MUJERES
YIELD	CEDA EL PASO

SERVICIOS A LA COMUNIDAD

WELFARE -(ASISTENCIA PUBLICA)

ESTOY SOLICITANDO ASISTENCIA PUBLICA
I am applying for public assistance
(ái am apláin for póblik asístans)

NO TENGO DONDE VIVIR
I have no place to live
(ái jáv no pléis tú lív)

NO TENGO SEGURO MEDICO
I do not have medical insurance
(ái dú not jáv médical inchúrans)

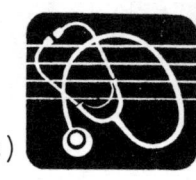

VIVE USTED EN.....?
Do you live in....?
(dú yú lív in.....?)

> UN APARTAMENTO PARTICULAR
> A private apartment
> (éi práivat apártment)
>
> UN PLAN DE CASAS PUBLICO
> Public housing project
> (póblik jáusin próject)
>
> CUARTO AMUEBLADO
> Furnished room
> (fernish'd rúm)
>
> HOGAR DE ANCIANOS
> nursing home
> (nérsin jóm)

¿TIENE ALGUNO DE LOS RECURSOS SIGUIENTES?
Do you have any of the following resources?
(dú yú jáv éni of di fólouin risórses?

> DINERO EN EFECTIVO
> Cash
> (kásh)

CUENTA DE BANCO
Bank account
(bánk acáunt)

CAJA DE SEGURIDAD
Safe deposit box
(séif depósit bóx)

ACCIONES/BONOS
Stocks/bonds
(stóks/bónds)

SEGURO
Insurance
(inchúrans)

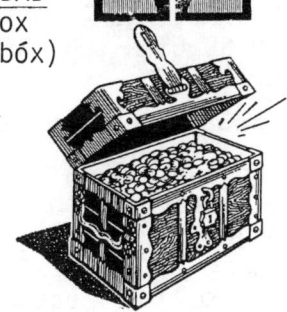

SEGURO SOCIAL - SOCIAL SECURITY
(Sóchial sekiúriti)

El seguro social es un seguro que se les paga a los trabajadores jubilados al cumplir 65 años, o a sus supervivientes elegibles cuando muere el trabajador. Los empleados y los empleadores pagan este seguro. La cantidad de pensión que recibe el trabajador - depende de los pagos que él/ella haga hecho.

Casi todos los obreros en los Estados Unidos están cubiertos por el seguro social, incluso los que trabajan en - fábricas, minas, oficinas, hoteles - fincas y en ocupaciones domésticas en casas particulares.

Consiga su tarjeta de seguro social - cuanto antes pues equivale a una póliza de seguro.

 ESPAÑOL-INGLES

TAMBIEN PARA QUE AUMENTE SU VOCABULARIO GENERAL, RELACIONAMOS LAS 1200 PALABRAS QUE SE USAN CON MAS FRECUENCIA EN ORDEN ALFABETICO.

Español	**Inglés**	**Pronunciación**
a, un, uno, una	a	éi
a, hasta	to	tú
abajo	down	dáun
abeja	bee	bíi
abierto	open	óupen
abogado	lawyer	lóyer
abrigo	coat	cóut
abuela	grandmother	gránd-móder
abuelo	grandfather	gránd-fáder
acerca de	about	abáut
aceite	oil	óil
ácido	acid	ácid
accidente	accident	áksident
activo	active	áctiv
actuar	act	áct
acumulador	battery	báteri
acuerdo	agreement	agríment
adelante	forth	fórz
además	besides	bisáids
además, más	else	éls
adición	addition	adíchion
adiós	good-by	gúud-bái
administrador	manager	mánager
admirar	admire	admáiar
admitir	admit	admít
aereopuerto	airport	éar-pórt

Español	**Inglés**	**Pronunciación**
afecto, cariño	affection	afékchion
afeitar	shave	chéiv
afilado	sharp	chárp
agregar	add	ad
agua	water	uóter
aguila	eagle	íguel
aguja	needle	nídel
ahora	now	náu
aire	air	éar
alarma	alarm	alárm
albañil	mason	méison
alcanzar	reach	rich
alegre	gay	guéi
alfiler	pin	pín
alfombra	carpet	cárpet
algo	something	sómzin
algún, ciertos	some	sóm
algunas veces	sometimes	sóm-táims
alguno-alguna (persona)	someone	sóm-uán
algunos	few	fiú
algunos	several	séveral
aliado	allied	aláid
allí	there	déar
almohada	pillow	pílou
almuerzo	lunch	lónch
a lo largo de	along	alóng
alrededor de	around	aráund
alto	high	jái
alto (estatura)	tall	tól
ama de casa	housewife	jáuse-uáif
amargo	bitter	bíter
ambos	both	bóuz

Español	Inglés	Pronunciación
a menos que	unless	onlés
amiga, compañera)	girlfriend	guér-frénd
amigo-amiga	friend	frénd
amigo, compañero)	boyfriend	bói-frénd
amistad	friendship	frénd-chip
amor	love	lóv
amplio, ancho	wide	uáid
ancho	broad	bróod
angulo, rincón	angle	ánguel
animado, alegre	cheerful	chíar-ful
animal	animal	ánimal
anterior	previous	prívious
antes	before	bi-fóar
año	year	yíar
apagar, lejos	off	of
apartamento	apartment	apártment
aprender	learn	lérn
apretado	tight	táit
aprobación	approval	aprúval
apto	fit	fit
apurar	hurry	jéri
apurado	in a hurry	in éi jéri
a quien	whom	júm
aquí	here	jíar
árbol	tree	trí
arena	sand	sánd
arreglar	arrange	aréinch
arriba	up	óp
arroz	rice	ráis
arte	art	árt
artículo	article	ártikel
artista	artist	ártist

Español	Inglés	Pronunciación
asamblea / reunión	meeting	mítin
así	so	so
así, de esta manera	thus	dos
asiento	seat	sít
asunto	matter	márer
ataque	attack	aták
atención	attention	aténchion
atracción	atraction	atrákchion
a través	across	acrós
a través de	through	zrú
aula	classroom	clas-rúm
aumentar	increase	incrís
aún	yet	yét
aún, parejo	even	íven
aún, todavía	still	stíl
aunque	though	dóu
automovil	car	car
autoridad	authority	ozóriti
avenida	avenue	áveniu
avión	plane	pléin
avión, aeroplano	airplane	éar-pléin
aviso, consejo	advice	adváis
ayer	yesterday	yésterdi
ayuda	help	jélp
azotea	roof	rúuf
azúcar	sugar	chúgar

B

bailar	dance	dáns
bajarse	get off	guét of
bajo	low	lóu

Español	Inglés	Pronunciación
banco	bank	bánk
bandeja	tray	tréi
bañadera	bathtub	báz-tób
baño	bath	baz
barato	cheap	chíp
barbero	barber	bárber
barco	vessel	vésel
barco	ship	chíp
barrer	sweep	suíp
base	base	béis
bastante	quite	kuáit
basura	garbage	gárbach
batir	shake	chéik
bebé	baby	béibi
beber	drink	drínk
bello, hermoso	beautiful	biútiful
beso	kiss	kís
biblioteca	library	láibrari
bien	well	uél
bienvenido	welcome	uél-cóm
blando	soft	sóft
blusa	blouse	bláus
boca	mouth	máuz
bolsa	bag	bág
bolsa (señora)	purse	pérs
bolsillo	pocket	póket
bomba	bomb	bómb
bomba, motor	pump	pómp
bonita	pretty	príti
borde	edge	édch
borracho	drunk	drónk
bosque	wood	úud
bota	boot	búut
bote	boat	bóut
botella	bottle	bótel

Español	**Inglés**	**Pronunciación**
brazo	arm	árm
brillar	shine	sháin
brillante	bright	bráit
burro	donkey	dónki

C

Español	Inglés	Pronunciación
caballo	horse	jórs
cabeza	head	jéd
cable	wire	uáir
cabo	handle	jándel
cada	every	évri
cada día	everyday	évri-déi
cada uno	each one	ích-uán
cadena	chain	chéin
café	coffee	cófi
caja	box	box
cajero	cashier	cachíer
calendario	calendar	cálendar
calidad	quality	kuáliti
caliente	warm	uórm
calle	street	strít
calor	heat	jít
cama	bed	béd
camarera	waitress	uéitres
camarero	waiter	uéiter
cambio	change	chéinch
caminar	walk	uók
camino, ruta	way	uéi
camión	truck	trók
camisa	shirt	chért
campo	field	fíld
campo, campamento	camp	cámp
canción	song	sóng

Español	Inglés	Pronunciación
capaz, compe-tente	able	éibel
cara	face	féis
carburator	carburator	carburéitor
cárcel	jail	yéil
cargar a cuenta	charge	chárch
caricia	caress	carés
carne	meat	mít
caro	expensive	expénsiv
carpintero	carpenter	cárpenter
carretera	road	róud
carta	letter	léter
casa	house	jáus
casarse	marry	méri
casi	almost	olmóust
caso, caja	case	kéis
castigo	punishment	pónichment
causa	cause	cóos
célula, celda	cell	cél
centro	center	cénter
cepillo	brush	bróch
cepillo diente	toothbrush	túz-bróch
cera	wax	uáx
cerebro	brain	bréin
cero	zero	zíro
cerrar	shut	chót
cerradura	lock	lók
cerveza	beer	bíar
cheque, che-quear	check	chék
chofer	driver	dráiver
choque	shock	chók
ciego	blind	bláind
cielo	sky	skái

Español	**Inglés**	**Pronunciación**
ciencia	science	sáiens
cintura	waist	uéist
cinturón	belt	bélt
circo	circus	cércus
ciudadano	citizen	cítizen
claro	clear	clíar
clase	kind	káind
clase, aula	class	clás
clavo	nail	néil
cocina	kitchen	kítchen
cocinar, cocinero	cook	cúuk
cola, rabo	tail	téil
colgar	hang	jáng
color	color	cólor
comedor	dining-room	dáining-rúum
comenzar	begin	biguín
comenzar, arrancar	start	start
comer	eat	ít
comercial	comercial	comérchial
cómico	funny	fóni
comida	meal	míl
comida, alimento	food	fúud
comida, cena	dinner	díner
¿cómo?	how	jáu
como (comparando)	as	as
compañero(a)	mate	méit
compañía	company	cómpani
competencia	contest	cóntest
comprender	understand	ónder-stánd
con	with	uíz

Español	Inglés	Pronunciación
concierto	concert	cóncert
condición	condition	condíchion
conducta	conduct	cónduct
consejo	counsel	cáunsil
considerar	consider	consíder
contar	count	cáunt
contento	happy	jápi
contento	glad	glád
continente	continent	cóntinent
continuar	continue	contíniu
contra	against	eguéinst
control	control	cóntrol
conveniente	convenient	convínient
copa	cup	cóp
copia	copy	cópi
coraje	courage	córach
corazón	heart	járt
corona	crown	cráun
correo	mail	méil
correr	run	rón
cortar	cut	cót
cortés, fino	polite	poláit
cortina	curtain	kértein
corto	short	chórt
cosa	thing	zíng
costo	cost	cóst
crecer	grow	gróu
crédito	credit	crédit
creer	believe	bilíf
crimen	crime	cráim
cruzar	cross	crós
cuadrado	square	skuéar
cuadro	picture	píkchuar
cualquiera	any	éni
cualquier cosa	anything	éni-zín

Español	Inglés	Pronunciación
cualquiera (comparando)	either	íder
cualquiera (persona)	anyone	éni-uán
cuando	when	uén
cuarta parte) 25 cts.)	quarter	kuórer
cuarto baño	bathroom	báz-rúm
cuarto estar	living room	lívin-rúm
cuarto dormir	bedroom	béd-rúm
cubrir	cover	cóver
cuchara	spoon	spúm
cuchillo	knife	náif
cuerda	cord	córd
cuenta	bill	bíl
cuenta	account	acáunt
cuento, his-) toria)	story	stóri
cuenta, conteo	score	scóar
cuerpo	body	bódi
cuidado	care	kéar
cuidadoso	careful	kéar-ful
cumpleaños	birthday	bérz-déi
curso, asig-) natura)	course	córs
curva	curve	kérv

D

daño	damage	dámach
dar	give	guív
de	of	of
de (de un lugar a otro)	from	fróm
deber, debo	must	móst
decidir	decide	disáid

Español	Inglés	Pronunciación
decir	tell	tél
decir	say	séi
decisión	decision	decíchion
debería	should	chúud
dedo de la mano	finger	fínguer
dedo del pie	toe	tóu
de él, a él	him	jím
de ella	her	hér
dejar	let	lét
delante, al frente	ahead	ajéd
delgado	thin	zín
demandar	demand	dimánd
demandar, poner pleito	sue	sú
de nosotros	ours	auérs
dentista	dentist	déntist
dentro	into	íntu
dentro	within	uízin
deporte	sport	spórt
de quien, cuyo	whose	júus
derecho	straight	stréit
derecha, correcto	raight	ráit
devolver	return	ritérn
desayuno	breakfast	brék-fast
desde	since	síns
desear, querer	want	uánt
deseo, desear	wish	uích
deseo	desire	disáiar
deshonesto	dishonest	dis-ónest
despacio	slow	slóu
despertar	wake up	uéik-óp

Español	Inglés	Pronunciación
después	after	áfter
detalle	detail	ditéil
detrás	behind	bijáind
de todos modos	anyway	éni-uéi
deuda	debt	dét
día	day	déi
dibujar	draw	dróu
diente, muela	tooth	túuz
dientes	teeth	tíiz
diferente	different	díferent
dinero	money	móni
Dios	God	Gód
dirección / domicilio	address	ádres
directo	direct	dairékt
disfrutar	enjoy	enyói
divorcio	divorce	divórs
doblar	turn	térn
docena	dozen	dócen
doctor	doctor	dóktor
dolor	ache	éik
dolor	pain	péin
donde	where	juéar
donde quiera	wherever	juéar-éver
dormir	sleep	slíp
duda	doubt	dáut
dulce	sweet	suít
duro	hard	járd

E

Español	Inglés	Pronunciación
edificio	building	bíldin
educación	education	edukéichion
eficiente	efficient	efíchient

Español	Inglés	Pronunciación
ejemplo	example	exámpel
ejército	army	ármi
él (pronombre)	he	jí
el, la, los, las (artículo)	the	dí
el mismo	himself	jím-sélf
eléctrico	electric	eléktrik
ella	she	chí
ella misma	herself	jér-sélv
ellos	they	déi
ellos, de ellos	them	dém
ellos mismos	themselves	dém-sélvs
empleado	employee	employí
empleado	clerk	clérk
empleador	employer	emplóiyer
en, dentro	in	in
encanto	charm	chárm
encontrar	find	fáind
en el pasado	ago	agóu
enfermo	ill	íl
enfermo	sick	sík
enfermera	nurse	nérs
en lugar de	instead	instéd
enojado	angry	ángri
enseguida	at once	at-uáns
en, a	at	at
en, sobre	on	on
entero, completo	whole	jóul
entonces	then	dén
entre	between	bituín
entrada, ticket	ticket	tícket
entre	among	amóng

Español	Inglés	Pronunciación
entrega	delivery	delíveri
enviar	send	sénd
equipo	team	tíim
equivocación	mistake	mistéik
error	error	éror
es, estar	is	is
escaleras arriba	upstairs	óp-stéars
escapar	escape	eskéip
escena, etapa	stage	estéich
escoger	choose	chúus
escribir	write	ráit
escritorio	desk	désk
escuela	school	skúl
escuela secundaria	high school	jái-skúl
ése, aquél	that	dát
esquina	corner	córner
eso, ello	it	ít
esos, esas	those	dóus
espacio	space	spéis
espalda, lomo	back	back
especial	special	spéchial
esperar	wait	uéit
espeso, grueso	thick	zík
espejo	mirror	míror
esperanza	hope	jóup
esposo	husband	jósband
esposa	wife	uáif
estaban	were	uéar
estación, (verano, etc.)	season	síson
estado, declarar	state	stéit

Español	Inglés	Pronunciación
esta noche	tonight	tu-náit
estar de pie	stand	stánd
Este	East	íst
éste, ésta, esto	this	dis
estos	these	díis
estrella	star	stár
estudiante	student	stiúdent
estudio	study	stódi
evento, suceso	event	ivént
examen	examination	examinéichion
excepto	except	excépt
experto	expert	éxpert
explicar	explein	expléin
expresar	express	exprés
extraño	strange	stréinch

F

Español	Inglés	Pronunciación
fábrica	factory	fáctory
fácil	easy	ísi
falso	false	fóls
familia	family	fámili
famoso	famous	féimus
fango	mud	mód
favor	favor	féivor
fecha	date	déit
feo	ugly	ógli
festival	festival	féstival
fiesta	party	párti
fiesta, 'día festivo	holiday	jóli-déi
fijar	fix	fix

100

Español	Inglés	Pronunciación
final	final	fáinal
final	end	énd
finalizar	finish	fínish
fin de semana	weekend	uík-end
fino, bueno	nice	náis
fino, delivado	fine	fáin
físico	physical	físical
fondo, base	bottom	bótom
forma	form	fórm
frazada	blanket	blánket
frente	front	frónt
fresco	fresh	fréch
frío	cold	cóuld
fruta	fruit	frút
fuego	fire	fáiar
fuera	out	áut
fuerte	strong	stróng
fuerza	force	fórs
función) enseñar)	show	chóu
futuro	future	fiúcher
futuro (verbo auxiliar)	shall	chál

G

Español	Inglés	Pronunciación
gallina	hen	jén
galón	gallon	gálon
ganancia	earnings	érnins
ganancia, utilidad)	profit	prófit
ganar	win	uín
ganar (devengar salario)	earn	érn

Español	**Inglés**	**Pronunciación**
garganta	throat	zróut
gasolina	gasoline	gásolin
gastar	spend	spénd
gastar, botar	waste	uéist
gato	cat	cát
gaveta	drawer	dróuer
gente, pueblo	people	pípol
gobierno	government	góvernment
gota, dejar caer	drop	dróp
gracias	thank	zánk
grado	degree	digrí
gramática	grammar	grámar
grande	big	bíg
grande	great	gréit
grande (tamaño, extensión)	large	lárch
granja	farm	fárm
grano	grain	gréin
grueso, gordo	fat	fát
grupo	group	grúp
guardar	keep	kíp
guardia	guard	gárd
guerra	war	uór
gustar, agradar	like	láik
gusto, probar	taste	téist

H

hablar, decir	talk	tók
hablar	speak	spík
había	been	bín

Español	Inglés	Pronunciación
habitación	room	rúm
hacer	do	dú
hace (3ra. persona singular)	does	dós
hacer, fabricar	make	méik
hambriento	hungry	jóngri
hasta	until	ontíl
hecho, realidad	fact	fáct
hermana	sister	síster
hermano	brother	bróder
hielo	ice	áis
hierro	iron	áiron
hija	daughter	dórer
hijo	son	són
hilo	thread	zréd
historia	history	jístori
hizo	did	did
hogar	home	jóm
hoja	leaf	líf
hombre	man	mán
hombres	men	men
hora	hour	áuer
horno	oven	óuven
hospital	hospital	jóspital
hoy	today	tudéi
hueco	hole	jóul
hueso	bone	bóun
huevo	egg	ég
humano	human	jiúman
humo	smoke	smóuk
humor	humor	jiúmor

Español	Inglés	Pronunciación
I		
idea	idea	aidía
igual	equal	íkual
importante	important	impórtant
imprimir	print	prínt
impuesto	tax	táx
incluír	include	incliúd
industria	industry	índustri
infancia	infancy	ínfansi
ingeniero	engineer	inyiníar
inglés	English	ínglich
interés	interest	ínterest
invención	invention	invénchion
invierno	winter	uínter
ir	go	góu
isla	island	áiland
izquierda	left	léft
J		
jabón	soap	sóup
jamás	ever	éver
jardín	garden	gárden
jefe	boss	bós
jefe, principal	chief	chíf
joven	young	yóng
joya	jewel	yúil
juego	game	guéim
juego, partido	match	mátch
juez	judge	yódch
jugar	play	pléi

Español	Inglés	Pronunciación
juguete	toy	tói
junto	together	tuguéder
justicia	justice	yóstis
justo / honrado	just	yóst
justo, favorable	fair	féar
juventud	youth	yúz

L

Español	Inglés	Pronunciación
labor	labor	léibor
lado	side	sáid
ladrillo	brick	brík
lago	lake	léik
la mayoría	most	móust
lana	wool	úul
largo	long	lóng
lápiz	pencil	péncil
lavar	wash	uách
lección	lesson	léson
leche	milk	mílk
leer	read	ríd
legal	legal	lígal
lengua	tongue	tóng
lenguaje	language	lánguich
lejos	far	fár
lejos, fuera	away	euéi
ley	law	ló
libra	pound	páund
libre	free	frí
libro	book	búk
límite	limit	límit
limón	lemon	lémon

Español	Inglés	Pronunciación
limpio	clean	clín
limpio, aseado	neat	nít
línea	line	láin
lista	list	líst
llama	flame	fléim
llamada	call	cól
llave	key	kí
llegar, arrivar	arrive	aráiv
lleno	full	fúl
llevar, cargar	carry	quéri
llevarse bien	get along	guet alóng
llorar	cry	crái
lluvia	rain	réin
lote, montón	lot	lót
lugar	place	pléis
luna	moon	nún
luz	light	láit

M

madera	wood	úud
madre	mother	móder
maduro	ripe	ráip
maestro	teacher	tícher
mal	wrong	róng
maleta	suitcase	sút-kéis
malo	bad	bád
manejar	drive	dráiv
mano	hand	jánd
mantener	hold	jóuld
manzana	apple	ápel
mañana	morning	mórnin
mañana	tomorrow	tumórou
mapa	map	máp

Español	**Inglés**	**Pronunciación**
máquina	machine	machín
mar	sea	sí
maravilloso	wonderful	uónderful
marca	mark	márk
más	more	mór
más, además	plus	plós
más lejos	farther	fárder
material	material	matírial
mecánico	mechanic	mekánic
mecanógrafa	typist	táipist
media, calcetín	sock	sók
media noche	midnight	míd-náit
medida	measure	méchur
medida, tamaño	size	sáis
medio, mitad	middle	mídel
medio día	noon	nún
mejor	best	bést
mejorar	improve	imprúv
melocotón	peach	pích
memoria	memory	mémori
menos	less	lés
mensaje	message	mésach
mente	mind	máind
mentira	lie	lái
mercado	market	márket
metal	metal	métal
mercancía	merchandise	merchandáis
mes	month	mónz
mesa	table	téibel
método	method	mézod
metro, túnel	subway	sub-uéi
mi, a mi	me	mi
mi, mío	my	mái

Español	Inglés	Pronunciación
miedo	fear	fíar
mitad	half	jáf
milla	mile	máil
millón	millon	mílion
minuto	minute	mínit
mío	mine	máin
mismo	same	séim
moda, estilo	fashion	fáchion
modelo	model	módel
moderno	modern	módern
momento	moment	móment
moneda	coin	cóin
montaña	mountain	máunten
montar, pasear	ride	ráid
morir	die	dái
mostrador	counter	cáunter
motor	engine	ényin
motorcicleta	motorcycle	mótor-sáikel
mover	move	múv
muchacho	kid	kíd
mucho	much	móch
muchos	many	méni
muerte	death	déz
muerto	dead	déd
mujer	woman	úman
mundo	world	uéld
muñeca	doll	dól
música	music	miúsic
muy	very	véri

nacer	born	bórn
nación	nation	néichon

Español	Inglés	Pronunciación
nada	nothing	nózin
nadar	swim	súim
nadie	nobody	no-bódi
naranja	orange	órach
nariz	nose	nóus
natural	natural	náchural
necesario	necessary	nécesari
necesitar	need	níd
negative	negative	négativ
negocio	business	bísnes
nervioso	nervous	nérvus
neto	net	nét
neumático	tire	táiar
nieve	snow	snóu
niña	girl	guérl
niño	boy	bói
niño, muchacho	child	cháild
nivel	level	lével
no	no	no
not	not	not
noche	night	náit
noche	evening	ívnin
nombre	name	néim
no puedo	cannot	can-not
normal	normal	nórmal
norte	north	nórz
nosotros	we	uí
nosotros mismos	ourselves	áuer-sélvs
nosotros (pronombre)	us	us
nota	note	nóut
noticias	news	niús
novela	novel	nóvel

Español	Inglés	Pronunciación
nube	cloud	cláud
nuestro	our	áuer
New York	New York	Niú Yórk
nuevo	new	niú
número	number	nómber
nunca	never	néver

Español	Inglés	Pronunciación
o (comparación)	or	or
obtener	obtain	obtéin
obtener, lograr, llegar	get	guét
odio	hate	jéit
oeste	West	uést
oferta	offer	ófer
oficina	office	ófis
oficina correo	post office	póust ófis
oído	ear	íar
oír	hear	jíar
ojo	eye	ái
ola	wave	uéiv
oler	smell	smél
olvidar	forget	forguét
opinión	opinion	opínion
operador	operator	operéitor
oportunidad	chance	cháns
orden	order	órder
oro	gold	góuld
oscuro	dark	dárk
otoño	fall	fól

Español	**Inglés**	**Pronunciación**
otra vez	again	eguéin
otro	other	óder
otro más	another	anóder
oye	listen	lísen

padre	father	fáder
padres	parents	párents
pagar	pay	péi
página	page	péich
país	country	cóntri
palabra	word	uórd
palo, vara	stick	stík
pan	bread	bréd
pantalones	trousers	tráusers
papa	potato	potéito
papel	paper	péiper
paquete	parcel	párcel
paquete)	parcel)	párcel
postal)	post)	póust
para	for	for
parar	stop	stop
parecer	seem	sím
pared	wall	uól
pariente	relative	rélativ
parque	park	párk
parte	part	párt
parte afuera	outside	áut-sáid
parte superior	top	tóp
partir	leave	lív
pasar	pass	pás
pasado	past	pást
pasajero	passenger	pásenyer

Español	Inglés	Pronunciación
paso	step	stép
pastel	pie	pái
pastel, torta	cake	kéik
patear	kick	kík
patio atrás	backyard	báck-yárd
paz	peace	pís
pecho	chest	chést
peine	comb	cómb
película	movie	múvi
peligro	danger	déinyer
pelo	hair	jéar
pelota	ball	ból
pelota-base	baseball	béis-bol
perfecto	perfect	pérfect
periódico	newspaper	níus-péiper
permitir	permit	permít
perro	dog	dóg
persona	person	pérson
pertenecer	belong	bilóng
pensar	think	zínk
pequeño	little	lítel
pequeño	small	smól
pero	pear	píar
pérdida	loss	lós
pescado	fish	fích
peso	weight	uéit
pie	foot	fút
piedra	stone	stóun
piel	skin	skín
piel, cuero	leather	léder
pierna	leg	lég
pieza	piece	pís
pintura	paint	péint
piña	pineapple	páin-ápel

Español	Inglés	Pronunciación
pipa	pipe	páip
piscina	pool	púl
plan	plan	plán
planta, fábrica	plant	plánt
plata	silver	sílver
plátano	banana	banána
plato	dish	dích
playa	beach	bích
pluma (escribir)	pen	pén
pobre	poor	púur
poder	can	cán
poder, fuerza	power	páuer
poder, permitir	can	cán
podría	could	kúd
podría	might	máit
policía	policeman	polís-man
política	politics	pólitics
pollo	chicken	chíken
polvo	dust	dóst
polvo	powder	páuder
poner, colocar	set	set
popular	popular	pópiular
por ciento	per cent	per cén
por favor, agradar	please	plís
¿por qué?	why?	juái
porque	because	bicós
posible	possible	pósibel
posible	perhaps	jerjáps

Español	**Inglés**	**Pronunciación**
postre	dessert	disért
práctica	practice	práctis
precio	price	práis
preferir	prefer	prifér
pregunta	question	kuéstion
preguntar	ask	ásk
preparar	prepare	pripéar
prestar	lend	lénd
presentar	present	prisént
regalo	present	présent
primavera	spring	spring
primero	first	férst
principal	main	méin
prisión	prison, jail	príson, yéil
privado	private	práivat
probar	try	trái
probable	probable	próbabel
problema	problem	próblem
problema, dificultad	trouble	tróbel
profesor	professor	profésor
profundo	deep	díp
programa	program	prógram
progreso	progress	prógres
promesa	promise	prómis
promoción, ascenso	promotion	promóuchion
pronto	soon	sún
propio	proper	próper
propio, por si mismo	self	sélf
propio, poseer algo	own	óun

Español	Inglés	Pronunciación
propiedad	property	próperty
próximo	next	néxt
prueba	test	tést
público	public	póblic
pueblo	town	táun
puente	bridge	brích
puerco, cerdo	pig	píg
puerta	door	dóar
punto	point	póint

Q

Español	Inglés	Pronunciación
que (comparación)	than	dán
¿qué?	what?	juát?
quedar	remain	riméin
quedarse	stay	stéi
querido(a)	dear	díar
queso	cheese	chís
¿quién?	who?	jú?
quieto	quiet	kuáiat

R

Español	Inglés	Pronunciación
rama, sucursal	branch	bránch
rápido	fast	fást
rápido	quick	kuík
ratón	mouse	máus
razón	reason	ríson
real	real	ríal
recibir	receive	recív
recibo	receipt	ricít
recoger	pick	pík

Español	Inglés	Pronunciación
recoger) recolectar)	collect	coléct
recordar	remember	rimémber
redondo	round	ráund
regalo	gift	gíft
regla	rule	rúl
regular	regular	régiular
reloj pared	clock	clók
reloj, mirar) observar)	watch	uátch
renunciar	give up	guív-op
repetir	repeat	ripít
resbalar	slip	slíp
respuesta	answer	ánser
resto	rest	rést
resultado	result	risólt
revolución	revolution	revolúchion
rey	king	kíng
rico	rich	rích
río	river	ríver
risa	laugh	láf
ropa, vestidos	clothes	clóuzes
roto	broken	bróuken
rubia	blond	blónd
rueda	wheel	uíl
ruído	noise	nóis

S

sábana, hoja	sheet	chíit
saber	know	nóu
sabio, inteligente)	wise	uáis

Español	Inglés	Pronunciación
sal	salt	sólt
salario	salary	sálari
salir, marcharse	leave	lív
saltar	jump	yómp
saludable	healthy	jélzi
salvaje	wild	uáild
sangre	blood	blód
sastre	tailor	téiler
saya, falda	skirt	skért
sección	section	sékchion
seco	dry	drái
secretaria	secretary	sécretari
secreto	secret	sícret
seda	silk	sílk
seguir	follow	fólou
segundo	second	sécond
seguro, ahorro	save	séiv
seguro, poliza	insurance	inchúrans
sello	stamp	stámp
semana	week	uík
semilla	seed	síd
sentarse	sit	sít
sentir	feel	fíl
señor (Sr.)	mister (Mr.)	míster
señor	sir	ser
señora	messrs. (Mrs)	mísis
señora	lady	léidi
señorita	miss	mís
separar	separate	sépareit
ser, estar	to be	bí
serio	serious	sírious
servir	serve	sérv
servicio	service	sérvis

Español	**Inglés**	**Pronunciación**
sí (afirmar)	yes	yes
si (condición)	if	if
siempre	always	ól-uéis
siendo) estando)	being	bi-ín
significado) malo)	mean	mín
signo, señal	sign	sáin
silencio	silence	sáilens
silla	chair	chéar
si mismo	itself	ít-sélf
simple	simple	símpel
sin	without	uíz-áut
sin embargo	however	jáu-ever
sirviente	servant	sérvant
sistema	system	sístem
situación	situation	situéichion
sobre (correo)	envelope	énvilop
sobre, arriba	over	óver
sobrina	niece	nís
sobrino	nephew	néfiu
sociedad	society	sosáieti
socio	partner	pártner
sofá	sofa	sóufa
sol	sun	són
soldado	soldier	sóldier
sólido	solid	sólid
sólo, por si mismo))	alone	alóun
sólo	only	ónli
soltero, solo	single	sínguel
sombra	shade	chéid
sombrero	hat	ját

Español	Inglés	Pronunciación
son, están	are	ár
sonido	sound	sáund
sonrisa	smile	smáil
sopa	soup	súp
soplar	blow	blóu
sortear, clase	sort	sórt
su, de él	his	jís
su, sus, de ellos	their	déar
su, suyo	its	íts
subir, aumentar	raise	réis
subirse	get on	guét on
suceder	happen	jápen
sucio	dirty	dérti
suelo, piso	floor	flóar
suegra	mother in law	móder-in-ló
suegro	father-in law	fáder-in-ló
suficiente	enough	inóf
sufrir	suffer	sófer
suma, cantidad	amount	amáunt
suministro	supply	suplái
supervisor	supervisor	supervάisor
suponer	suppose	supóus

T

Español	Inglés	Pronunciación
tal, semejante	such	sóch
también	also	ólso
también	too	túu
tarde	afternoon	áfter-nún
tarde (adverbio)	late	léit

Español	**Inglés**	**Pronunciación**
tarjeta	postcard	póust-cárd
teatro	theatre	zíater
techo	ceiling	cíling
teléfono	telephone	télefon
telegrama	telegram	télegram
televisión	television	televíchion
tema, ensayo	theme	zím
temperatura, tiempo	wheather	uéder
temparano	early	érli
tener, haber	have	jáv
tener miedo	be afraid	bí efréid
tenía	had	jád
teoría	theory	zíori
tiburón	shark	chárk
tiempo futuro auxiliar	will	uíl
tienda	shop	chóp
tienda	store	stóor
tienda comestibles	grocery	gróceri
tiempo	time	táim
tierra	earth	érz
tierra	land	lánd
tijera	scissors	sísors
timbre, campana	bell	bél
tinta	ink	ínk
tío	uncle	ónkel
tirar	pull	púl
tocar, palpar	touch	tóch
todo	everything	éveri-zín
todos	all	ól
todos nosotros	everyone	éveri-uán

Español	**Inglés**	**Pronunciación**
tohalla	towel	táuel
tomar	take	téik
tópico	topic	tópic
torre	tower	táuer
trabajador	worker	uórker
trabajo, cargo, puesto	job	job
trabajador	work	uórk
trabajo, labor	labor	léibor
traer, llevar	bring	bring
traje	suit	sút
tráfico	traffic	tráfik
tranquilo	quiet	kuáiat
trato, negocio	deal	díil
tren	train	tréin
triste	sad	sád
tu, tus	your	yúar

U

usted	you	yú
último	last	lást
una vez	once	uáns
unidad	unit	iúnit
unir	join	yóin
universidad	college	cólech
universidad	university	iunivérsiti
hasta	until	ontíl
urgente	urgent	eryént
usual	usual	iúchual
usar	wear	uéar
uso	use	iús
uva	grape	gréip

Español	Inglés	Pronunciación
V		
vaca	cow	cáu
vacación	vacation	vakéichion
vacío	empty	émpti
valor	value	váliu
varón, masculino	male	méil
vaso, cristal	glass	glás
vecino	neighbour	néibor
vegetal	vegetable	véyetabel
velocidad	speed	spíd
vender	sell	sél
veneno	poison	póison
venir	come	cóm
venta	sale	séil
ventaja	advantage	advantéich
ventana	window	uíndou
ver	see	sí
verano	summer	sómer
verbo	verb	vérb
verdad	truth	trúz
verdadero	true	trú
verguenza	shame	chéim
vestido	dress	drés
viajar	travel	trável
viaje	trip	tríp
vida	life	láif
viejo	old	óuld
viento	wind	uínd
villa, pueblo	village	vílich
vino	wine	uáin
violento	violent	váiolent

Español	Inglés	Pronunciación
vista	view	viú
visita	visit	vísit
vivir	live	lív
volar	fly	flái
voz	voice	vóis
vuelo	flight	fláit

Y

y	and	and
ya	already	olrédi
yerba	grass	grás
yo	I	ái
yo mismo	myself	mái-sélf
yugo	yoke	yóuk

Z

zanja	ditch	dítch
zapatear	tap	táp
zapato	shoe	chú
zapatero	shoemaker	chú-méiker
zona	zone	zóun
zorra	fox	fóx
zumbido	buzz	bóos

Y POR ULTIMO, SOLO ALGO MAS EN ESTE PEQUEÑO DICCIONARIO BILINGUE A MODO DE INFORMACION.

LOS VERBOS (que son las palabras que indican acción como trabajar, comer, amar, dormir) en inglés tienen tres tiempos: presente, pasado y participio pasado. En los verbos regulares (que son la mayoría), el pasado y el participio pasado se forma agregándole una ED. Los verbos irregulares no tienen regla fija y es necesario aprenderlos de memoria.

LOS 50 PRINCIPALES VERBOS IRREGULARES SON ....

Presente	Pasado	Participio pasado
Be	was	been
Begin	began	begun
Bring	brought	brought
Build	built	built
Buy	bought	bought
Come	came	come
Cost	cost	cost
Cut	cut	cut
Drink	drank	drunk
Drive	drove	driven
Eat	ate	eaten
Feel	felt	felt
Fight	fought	fought
Find	found	found
Forget	forgot	forgotten
Get	got	gotten
Give	gave	given

Presente	Pasado	Participio Pasado
Go	went	gone
Grow	grew	grown
Have	had	had
Hear	heard	heard
Hit	hit	hit
Hurt	hurt	hurt
Keep	kept	kept
Know	knew	known
Leave	left	left
Let	let	let
Lose	lost	lost
Make	made	made
Meet	met	met
Put	put	put
Read	read	read
Ride	rode	ridden
Ring	rang	rung
Run	ran	run
Say	said	said
Sell	sold	sold
Send	sent	sent
Set	set	set
Sing	sang	sung
Sit	sat	sat
Sleep	slept	slept
Speak	spoke	spoken
Spend	spent	spent
Stand	stood	stood
Take	took	taken
Think	thought	thought
Wear	wore	worm
Write	wrote	written

EL MEJOR METODO DEL MUNDO PARA APRENDER INGLES

Aprenda Ingles leyendo, oyendo...y hablando.

INGLES PRIMARIO	5.00
INGLES PRIMARIO CON CASSETTE DE 90 MINUTOS (Incluye Diccionario de 1,200 palabras)	15.00
INGLES FACIL PARA TODOS	5.00
ESTE LIBRO CON CASSETTE (Frases y Vocabulario)	15.00
INGLES FACIL PARA TODOS CON 2 CASSETTES (Frases, Vocabulario y diccionario de 1,200 palabras)	18.95
INGLES PARA LA MUJER	5.00
ESTE LIBRO CON CASSETTE	15.00
INGLES PARA LA CIUDADANIA AMERICANA	5.00
ESTE LIBRO CON CASSETTE	15.00
INGLES PARA LOS TRABAJADORES	5.00
INGLES PARA LOS TRABAJADORES Curso completo con dos cassetes de 90 minutos.	18.95
INGLES PARA ENAMORAR	5.00
ESTE LIBRO CON CASSETTE	15.00

ESTOS PRECIOS INCLUYEN COSTO DE ENVIO

Si desea recibir copias o la coleccion completa envie cheque o Giro Postal (Money Order) a:

PUBLICACIONES ESPECIALES
P.O. BOX 55-8233
MIAMI, FLORIDA 33255

PARA EVITAR CONFUSIONES FAVOR DE INDICAR CLARAMENTE LO QUE DESEA